AF563736

NOTICE
DES TABLEAUX
DU MUSÉE DE LYON,

PAR F. ARTAUD,

DIRECTEUR DU MUSÉE ET DE L'ÉCOLE ROYALE DES BEAUX-ARTS.

LYON,

DE L'IMPRIMERIE DE LAMBERT-GENTOT, LIBRAIRE,
Grande rue Mercière, N.° 29.

1825.

AVIS.

Le Musée est ouvert au Public les Dimanche et Jeudi de chaque Semaine, depuis onze heures jusqu'à deux. On n'y laisse point entrer les enfans en bas âge, ni les personnes qui ont des chiens, des cannes ou des parapluies.

SALON

DES FLEURS.

1.—ALEXANDRE-FRANÇOIS DESPORTES, né à Champigneul en Champagne en 1661, mort à Paris en 1749, élève de Nicasius. *Ecole française*.

Des canards et des fruits auprès d'une fontaine; dans la partie supérieure, trois perroquets autour d'un bassin rempli de pêches et de raisins; *hauteur* 5 *pieds* 11 *pouces*, *larg.* 6 *pieds* 1 *pouce*.

2.—Adrien Vander KABEL, né à Ryswick en 1668, mort à Lyon en 1695.

Nature morte, meubles, vases, etc.; *haut.* 6 *pieds* 6 *pouces*, *larg.* 5 *pieds*.

3.—Un lièvre, une perdrix et des pêches, sur une fenêtre entourée d'une treille.

4.—Un chien de chasse regardant un groupe de gibier étendu au pied d'une fontaine. Dans la partie supérieure est un vase rempli d'abricots, groupés avec d'autres fruits.

5.—Un lièvre, un fusil, des perdrix et autres oiseaux, placés autour d'un rosier.

6.—Un canard, une bécasse et des fruits, posés sur une fenêtre entourée d'une treille. Ces quatre tableaux, de nature morte, ont été acquis par les soins de M. Evesque, adjoint de M. le Maire et administrateur du Conservatoire des arts; *haut.* 3 *pieds* 7 *pouces*, *larg.* 2 *pieds* 10 *pou.*

7.—Un vase de fleurs sur un autel antique, attribué à BAPTISTE, mais dont la manière ressemblerait plutôt à celle de VANDER-KABEL, mort à Lyon en 1695; *haut.* 4 *pieds* 6 *pouces*, *larg.* 3 *pieds* 7 *pouces.*

8.—François DESPORTES.

Un paon, devant un panier de raisins, placé sur la terrasse d'un jardin; au bas est un singe saisissant un de ces fruits suspendu sur sa tête; *haut.* 6 *pieds* 4 *pouces*, *larg.* 5 *pieds* 7 *pouces.*

9.—M. BERJON, professeur à l'Ecole Royale des Beaux-Arts.

Une corbeille de fleurs, groupée avec un melon et des raisins; tableau acquis par les soins de M. le comte de Sathonnay; *haut.* 3 *pieds* 4 *pouc.*, *larg.* 2 *pieds* 8 *pouces.*

10.—Abraham MIGNON, né à Francfort en 1640, mort en 1679. *Ecole flamande.*

Un vase de fleurs, renversé par un chat, au moment où il veut saisir une souris qui s'échappe de la souricière; *haut.* 2 *pieds* 8 *pouces*, *larg.* 2 *pieds* 1 *pouce.*

11.—M. BONY de Lyon, dessinateur et fabricant d'étoffes de soie.

Un vase de bronze rempli de fleurs rares. Sur le devant, on voit un nid et des oiseaux étrangers becquetant des groseilles; *haut.* 3 *pieds* 7 *pouces*, *larg.* 2 *pieds* 9 *pouces.*

M. Bony, connu par ses talens et par son amour pour les arts, a bien voulu donner ce tableau au Musée, à l'occasion du passage en cette ville de S. A. R. MONSIEUR, frère du Roi.

12.—Jean-David de HÉEM, né à Utrecht en 1600, mort à Anvers en 1684, élève de son père David de Héem.

Un cartouche entouré de fleurs et de fruits, supporté par deux aigles et deux cornes d'abondance; dans le milieu est le portrait d'un Stathouder, et au-dessous, un lion tient une orange, armes parlantes de la famille de ce prince.

Ce tableau se voyait autrefois au Musée de

Paris, sous le n.° 300. *Ecole flamande; h. 4 pieds, larg. 3 pieds 6 pouces.*

13.—Jean Van HUYSUM, né à Amsterdam en 1682, mort en 1749, élève de Just Van Huysum son père. *Ecole flamande.*

Un vase rempli de roses, de tulipes, pavots et autres fleurs, posé dans une niche, et au pied duquel est un nid d'oiseaux. Ce chef-d'œuvre a été acheté par la ville et par la société des amis du commerce et des arts; *haut. 2 pieds 5 pouces, larg. 1 pied 10 pouces.*

14 et 20.—Jean MONNOYER, dit BAPTISTE, né à Lille en 1635, mort à Londres en 1699. *Ecole française.*

Ces deux petits tableaux, peints sur cuivre, ont été donnés au Musée par feu M. Leclerc de la Colombière, professeur de mise en carte, à l'Ecole des Beaux-Arts de Lyon; *haut. 9 pouces, larg. 8 pouces.*

15 et 19.—M. VANDAEL, peintre moderne à Paris.

1.° Un vase posé sur un socle de marbre : pivoines, roses blanches, tulipes, etc.

2.° Une corbeille de fleurs : roses, giroflées, impériales, pivoines, renoncules, etc.

Ces deux tableaux sont dus aux soins de feu M. le comte de Sathonnay, n.° 9; *haut. 2 pieds, larg. 1 pied 7 pouces :* n.° 10; *haut. 2 pieds, larg. 1 pied 8 pouces.*

16 et 18.—BIDAULT, de Carpentras, mort à Lyon en 1813.

Des oiseaux, nature morte; *haut. 10 pouces, larg. 7 pouces.*

17.—M.me BRUYÈRE, née LEBARBIER.

Un vase de terre rougeâtre, posé sur une tablette de marbre : Roses, renoncules, oreilles d'ours, reine-marguerites, etc.

L'auteur de ce charmant ouvrage, qui s'est fait remarquer dans la peinture en plus d'un genre, est fille d'un artiste distingué et femme d'un lyonnais célèbre dans le corps du génie.

S. Exc. le Ministre de l'Intérieur a bien voulu accorder ce tableau au Musée de Lyon ; *h.* 2 *p.* 11 *p.*, *larg.* 2 *pieds* 4 *pouces.*

21. — Pierre-François Van BROUSSEL, d'Anvers.

Un vase rempli de roses, de pivoines, d'oreilles d'ours, de giroflées. Au bas et à gauche, est un nid d'oiseaux; à droite, sont des pêches et des raisins groupés sur une tablette de marbre. Ce tableau figurait, il y a quelques années, au Musée de Paris. Il est daté de 1781 ; *haut.* 2 *pieds* 4 *pouces*, *larg.* 1 *pied* 10 *pouces.*

22.—Les 7 Sacremens, avec leurs bordures, dessins attribués à Pesne, graveur du Poussin, donnés par M. François Grognard, ancien inspecteur du mobilier de la couronne; *haut.* 2 *pieds* 1 *pouce*, *larg.* 3 *pieds* 1 *pouce.*

23 — SWEBAC père. *Vue du Tyrol.*

Ce tableau accordé à la ville de Lyon par S. E. le Ministre de l'intérieur, a figuré au salon de 1822, sous le n.° 1218; *haut.* 2 *pieds* 3 *pouces.*

GALERIE DU MUSÉE.

1.—LÉANDRE BASSAN, né en 1558, mort en 1623. *Ecole vénitienne.*

Assaut d'une ville d'Italie, peut-être celle de Naples, par Charles VIII.

Dans le tableau, n.° 28, du même maître, qui fait pendant à celui-ci, on voit le Roi de France victorieux, recevant la couronne de Naples sur le champ de bataille; *hauteur 7 pieds 3 pouces, larg. 11 pieds 2 pouces.*

2.—PHILIPPE de Champagne, né à Bruxelles en 1602, mort à Paris en 1674, élève de Fouquières. *Ecole flamande.*

Hercule et Pallas, sujet allégorique; *haut. 3 pieds 10 pouces, larg. 2 pieds 10 pouces.*

3.—Francesco ALBANI, né à Bologne en 1578, mort dans la même ville en 1660, élève de Louis Carrache et du Guide. *Ecole lombarde.*

Le Baptême de Jésus-Christ par saint Jean.

Jésus, aux rives du Jourdain, reçoit le baptême des mains de saint Jean : un ange soulève la draperie qui couvre ses épaules, un autre ange prépare le linge qui doit essuyer ses pieds. Dieu le Père, le Saint-Esprit et des Séraphins, groupés sur des nuages, contemplent cette cérémonie; *haut. 2 pieds 5 pouces, larg. 3 pieds.*

4.—PHILIPPE de Champagne.

La Cène. Le caractère de vérité et de simplicité qui se fait remarquer dans les traits et dans l'expression des Apôtres (dit l'Auteur de la notice du Musée de Paris), avait donné lieu de croire que le peintre avait introduit dans sa composition les portraits de quelques-uns des Solitaires de Port-Royal, avec qui l'Auteur était très-lié : Antoine le Maître, Arnault d'Andilly, Blaise Pascal, etc. Mais cette opinion n'est pas autrement fondée ; du moins est-il certain que le fameux docteur Antoine Arnault n'a aucune ressemblance avec la figure de Judas, quoique plusieurs personnes l'aient affirmé.

Philippe de Champagne a répété deux fois le même sujet avec quelques changemens. Celui-ci se voyait autrefois au Musée de Paris, sous le n.° 298; *haut.* 5 *pieds* 5 *pouces*, *larg.* 8 *pieds* 1 *pouce.*

5.—Michel Janson MIEREVELD, né à Delf en 1568, mort en 1641. *Ecole hollandaise.*

Portrait à mi-corps, d'une dame vêtue de noir; *haut.* 3 *pieds* 6 *pouces*, *larg.* 2 *pieds* 7 *pouc.*

6.—Francesco ALBANI : la prédication de saint Jean dans le désert.

Des vieillards, des jeunes gens, des enfans et leurs mères, assis dans le désert, sont attentifs à la parole du précurseur de Jésus.

Ce tableau et celui du n.° 3 faisaient autrefois partie de la collection du cabinet du Roi : il est fâcheux qu'il s'y trouve des *repeints* mal exécutés; *haut.* 2 *pieds* 6 *pouces*, *larg.* 3 *pieds.*

7.—Mattia Preti, dit le CALABRÈZE, né en 1613, mort en 1699. *Ecole napolitaine.*

Sophonisbe, pâle et défigurée, ressent déjà l'effet du poison qu'elle vient de prendre; *h.* 6 *pieds* 2 *pouces*, *larg.* 5 *pieds* 5 *pouces.*

8.—Andrea del SARTO, né à Florence en 1488, mort en 1530. *Ecole florentine.*

Le Sacrifice d'Abraham.

Isaac est sur le point d'être immolé; mais, touché de la foi du père, et de la soumission du fils, Dieu envoie un ange pour arrêter la main d'Abraham, et substituer un bélier à cette victime chérie.

Ce beau tableau se voyait au Musée de Paris, sous le n.° 12; *haut.* 6 *p.* 6 *p.*, *larg.* 5. *p.*

9.—Philippe de CHAMPAGNE.

Invention des reliques de saint Gervais et de saint Protais, en présence de saint Ambroise, archevêque de Milan, et de plusieurs autres prélats; cette vaste composition se fait remarquer par une belle ordonnance et une grande vérité de couleur; on admire surtout l'expression de saint Ambroise et celle de la jeune personne qui se jette dans les bras de sa mère; *haut.* 11 *pieds* 3 *pouces*, *larg.* 21 *pieds.*

10. — Jean Byler, né à Utrech en 1603. *École flamande.*

La Marchande d'esclaves; *haut.* 3 *pieds* 6 *p.*, *larg.* 5 *pieds.*

11.—Jacques JORDAENS, né à Anvers en 1594, mort dans la même ville en 1678. *École flamande.*

L'Adoration des Bergers.

La Sainte Vierge tient dans ses bras le Messie qui vient de naître. Des bergers se prosternent, en lui faisant hommage de leurs offrandes rustiques. L'un lui apporte des oiseaux, l'autre lui présente une coupe remplie de lait, tandis qu'un troisième égaie la scène par les accords de son chalumeau. Saint Joseph, appuyé sur un bâton, sourit à la piété touchante de ces pasteurs. Ce tableau se voyait autrefois dans l'Eglise des Chartreux de Lyon; *haut.* 5 *pieds* 6 *pouces*, *larg.* 4 *pieds* 8 *pouces.*

12.—BOUHOT.

Vue de la Cour du Château de Fontainebleau, prise sous la porte dorée; *h.* 3 *p.*, *lar.* 2 *p.* 5 *pou.*

Ce tableau, d'un effet piquant et d'une grande vérité, a été accordé par le Ministre de l'Intérieur. S. Exc., en faisant à M. le Maire un envoi de plusieurs tableaux, a daigné en promettre deux autres plus considérables : Le bon Samaritain de Drolling et Ulysse chez Circé, par Paulin Guérin.

« Le talent des peintres qui ont été chargés » de l'exécution de ces tableaux (dit S. Exc.), » donne lieu d'espérer que ces compositions » seront dignes d'être offertes à une Cité qui

» s'est signalée au Musée royal, par le grand » nombre et par le mérite de son école. »

Ces expressions honorables, de la part d'un Ministre ami des arts, qui ne cesse d'enrichir le Musée de Lyon, nous serviront assez pour répondre à l'auteur d'un pamphlet, qui prétend que notre Ecole a dégénéré depuis qu'il a cessé d'en être un des administrateurs.

13. —BON BOULLOGNE, né à Paris en 1649, mort dans la même ville en 1717. *Ecole française.*

Sortie de l'Arche.

Noé et ses enfans rendent grâces à Dieu d'avoir échappé au déluge. Les animaux sortent de l'arche; *haut.* 3 *pieds*, *larg.* 4 *pieds.*

14 —Incendie d'un village, attribué à STÉEN; *haut.* 3 *pieds* 5 *pouces*, *larg.* 4 *pieds* 7 *pouces.*

15.—François DESPORTES.

La chasse au sanglier; (*h.* 7 *pieds*, *l.* 9 *pieds*).

16.—Clair de lune, paysage pris sur les bords du Rhône, par Bidault; *haut.* 1 *pied* 10 *pouces*, *larg.* 2 *pieds* 6 *pouces.*

17.—Un taureau et autres animaux dans le fond d'un paysage, tableau flamand dans le genre de Vandeveld; *haut.* 1 *pied*, *larg.* 9 *pouces* 6 *lignes;* acquis par les soins de M. Evesque.

18.—Jean-Jacques de BOISSIEUX, né à Lyon en 1736, mort dans la même ville en 1810.

Le Ballon, dessin à l'encre de la Chine.

Ce Ballon, le premier qui fut lancé dans l'hiver de 1784, a été dessiné pour conserver à la postérité l'époque de cette invention remarquable. M. de Boissieux s'est représenté lui même dans la foule, avec toute sa famille. La scène se passe aux Brotteaux: le fond du paysage représente la vue de l'Hôpital et du coteau de Fourvières; *h.* 1 *pied* 10 *pouces*, *larg.* 1 *pied* 9 *pouces.*

Donné au Musée par la famille de l'Auteur.

19.—Pierre-Paul RUBENS, né à Colgné en

1577, mort à Anvers en 1640, élève d'Ottovenius. *Ecole flamande.*

Saint François, saint Dominique, et plusieurs autres Saints, préservent le monde de la colère de Jésus-Christ.

Ce tableau a été exposé long-temps au Musée de Paris, il est d'une couleur et d'un effet admirables; *haut.* 17 *pieds* 1 *pouce*, *l.* 11 *pieds* 2 *p.*

20. —Jean Benedette CASTIGLIONE, né à Gênes en 1616, mort à Mantoue en 1670.

Une Marche d'animaux; *haut.* 2 *pieds* 10 *pouces*, *larg.* 4 *pieds* 3 *pouces.*

21. —L'adoration des Rois. *Ecole italienne*; *haut.* 3 *pieds*, *larg.* 4 *pieds* 5 *pouces.*

22. —François SNYDERS, né à Anvers en 1579, mort dans la même ville vers 1657, élève de Van Baelen.

Une Table de cuisine.

Elle est couverte de viande et de gibier de toute espèce. On aperçoit, au bas, une chatte cherchant à saisir la tête d'un paon, tandis que ses petits jouent avec des oiseaux morts, placés dans un panier.

Ce tableau était au Musée de Paris, sous le n.° 555; *haut.* 8 *pieds* 3 *pouces*, *larg.* 10 *pieds* 4 *pouces.*

23.—La Maîtresse du Padouan. *Ecole vénitienne*; *h.* 1 *pied* 5 *pouces*, *larg.* 1 *pied* 1 *pouce.*

24 et 24 *bis.* — Portraits de M. de la Salle, habile mécanicien, et de M. Montgolfier, inventeur des aérostats : l'un au crayon noir, et l'autre à la mine de plomb, par le même, n.° 27; *haut.* 9 *pouces*, *larg.* 8 *pouces* : 27 *bis*; *haut.* 10 *pouces*, *larg.* 9 *pouces.*

25. Dessin à l'encre de la Chine, représentant une vue de Rome, *Rippa-Grande*; dans le fond, on distingue l'hôtel des Maltais.

Ce bel ouvrage a été donné au Musée par la famille de M. de Boissieux, après la mort de l'auteur; *h.* 1 *pied* 9 *pouces*, *l.* 1 *pied* 7 *pouces.*

26.—Sebastien BOURDON, né à Montpellier en 1616, mort à Paris en 1671.

Portrait d'un Militaire ; *haut.* 1 *pied* 4 *pouc.*, *larg.* 1 *pied* 2 *pouces.*

27. —La pluie d'or de Danaé, attribué à TINTORET; *h.* 4 *pieds* 4 *p.*, *larg.* 5 *pieds* 6 *p.*

28. —Imitation d'une Vierge du Corrége; *haut.* 5 *pieds* 9 *pouces*, *larg.* 4 *pieds* 9 *pouces.*

29.—M. A. DUCLAUX, de Lyon, élève de l'Ecole des Beaux-Arts de cette ville.

Deux taureaux jouant ensemble sur le devant d'un paysage.—Un site pittoresque pris aux environs de Lyon, des animaux purement dessinés et peints avec esprit, une composition pleine de goût et d'intérêt, se font remarquer dans ce charmant tableau. Voici ce que dit à ce sujet le Moniteur universel, à la date du 9 octobre 1819 : « On trouve à citer l'école de Lyon dans toutes » les branches de l'art, dans la sculpture comme » dans la peinture, dans les paysages et les tableaux d'intérieur comme dans les sujets d'his» toire. M. Duclaux a exposé des paysages et » des tableaux d'animaux; ses compositions sont » riantes, d'une couleur vraie et enrichie de fi» gures qu'il dessine avec esprit, etc. »

S. Exc. le Ministre de l'Intérieur, qui ne cesse d'encourager les Beaux-Arts, a bien voulu donner cet ouvrage au Musée de Lyon ; *haut.* 3 *pieds* 9 *pouces*, *larg.* 4 *pieds* 1 *pouce.*

30. — Jean JOUVENET, né à Rouen en 1644, mort à Paris en 1717, élève de son père Laurent Jouvenet.

Les Vendeurs chassés du Temple.

Jésus-Christ, armé d'un fouet, entre dans le parvis du temple, renverse les tables des Changeurs et des Marchands effrayés. Ce tableau capital se voyait autrefois au Musée de Paris ; *haut.* 12 *pieds*, *larg.* 20 *pieds* 5 *pouces.*

31. —Antoine VANDICK, né à Anvers en 1599, mort à Londres en 1641, élève de Rubens.

Deux têtes d'étude, qu'on pourrait prendre pour celles de saint Pierre et de saint Paul; *haut. 1 pied 6 pouces, larg. 1 pied 9 pouces.*

32. —Michel GROBON de Lyon, membre de l'Académie et professeur à l'Ecole des Beaux-Arts de cette ville.

Le petit Remouleur; *haut. 1 pied 3 pouces, larg. 1 pied.*

33. — Gérard TERBURG, né en 1608 à Zwol, dans la province d'Ovérissel, mort à Deventer en 1681.

Une dame assise lit une lettre qu'un exprès vient de lui apporter; *h. 1 p. 6 p., l. 1 p. 2 p.*

34.—David TENIERS le père, élève de Rubens, né à Anvers en 1582, mort dans la même ville en 1649.

Des soldats jouent dans un corps de garde, tandis qu'un ange délivre S. Pierre de la prison.

L'achat de ces deux tableaux est dû, en grande partie, à la munificence du Roi et à la protection de S. Exc. le Ministre de l'Intérieur. Quant à celui de Teniers, c'est un des plus capitaux et des plus vigoureux de ce maître; il offre des détails infiniment précieux pour l'étude de la peinture. C'est en faire l'éloge d'ailleurs, que de dire qu'il a été choisi, ainsi que le précédent, parmi les chefs-d'œuvre du cabinet de M. Eynard de Paris, par M. de Lézay-Marnésia, préfet du Rhône, et M. Magneval, député du même département; *h. 1 p. 9 p., larg. 2 p. 4 p.*

35. —Fleury RICHARD de Lyon.

(*Ververt.*)

Sœur Rosalie, au retour des matines,
Plus d'une fois lui porta des pralines.

C'est dans ces vers que M. Richard a puisé le sujet de ce charmant ouvrage.

L'Autorité municipale, désirant avoir un des meilleurs tableaux de cet habile artiste, s'est empressée d'acquérir celui-ci pour le Musée; *haut.* 1 *p.* 7 *p.* 6 *l.*, *larg.* 1 *p.* 3 *p.* 6 *l.*

36.—Un jeune élève, préparant les couleurs de son maître; *h.* 1 *pied* 3 *pouces*, *larg.* 1 *pied.*

37.—Le Pigeonnier de la Roche-Cardon, par M. Grobon.

Ce tableau a été acheté par la ville; *haut.* 1 *pied*, *larg.* 1 *pied* 6 *pouces.*

38.—David rendant grâce à Dieu d'avoir tué Goliath.

Le redoutable géant est renversé, sa tête est séparée du tronc. David, les bras élevés vers le ciel, rend grâce à Dieu d'une victoire si éclatante: l'horison s'obscurcit, un éclair sillonne les nues, et l'armée des Philistins prend la fuite.

Ce tableau, attribué à PERRIER de Mâcon, a quelque chose de la manière d'Alexandre Véronèse; *haut.* 4 *pieds*, *larg.* 5 *pieds* 6 *pouces.*

39.—Jacques STELLA, né à Lyon en 1596, mort à Paris en 1647. *Ecole française.*

L'Adoration des Anges.

L'enfant Jésus, dans les bras de la Vierge, est adoré par les esprits célestes. Dans le nombre de ceux qui considèrent l'humble crèche où vient de naître le Sauveur du monde, il en est un qui soulève et baise, avec respect, la paille sur laquelle il a reposé. Dans la partie supérieure du tableau, de petits Anges déploient la légende: *Gloria in excelsis;* Dieu le Père et le Saint-Esprit apparaissent dans leur gloire, et semblent fixer l'attention de Marie. Ce tableau était autrefois dans la Chapelle des peintres, à Saint-Bonaventure; *h.* 4 *pieds* 6 *pouces*, *l.* 6 *pieds* 2 *pou.*

40.—DUCIS, de Paris.

Mort du Tasse, au Couvent de St.-Onuphre, le jour même où il devait être couronné au Capitole.

« Tout était préparé au Capitole pour décer-
» ner au Tasse les honneurs du triomphe,
» quand le bruit se répandit dans Rome qu'il

» venait d'expirer. Aussitôt ses amis, ses parens,
» tous les admirateurs de son génie, se portent
» en foule au lieu de sa mort et veulent du moins
» rendre à sa dépouille mortelle une partie des
» honneurs qui lui étaient destinés. Son corps
» est exposé avec pompe sur un lit funéraire,
» et le Cardinal Cinthio, accompagné d'une
» partie de son clergé, vient lui-même placer,
» sur la tête de son ami, la couronne triom-
» phale. »

Ce tableau, qui a paru avec succès au salon de 1819, a été accordé au Musée par S. Exc. le Ministre de l'Intérieur.

41. —Fleury RICHARD.

Le Tasse et Montaigne.

Vers l'an 1579, dit la notice du salon (année 1822) l'illustre auteur de la *Jérusalem délivrée*, égaré par une passion dangereuse, fut renfermé dans l'hôpital des fous à Ferrare, par les ordres du grand-duc Alfonse d'Est; là, exposé aux regards, ce malheureux poète servait à amuser l'oisive curiosité des étrangers. A son passage dans cette ville, Michel Montaigne alla le voir et crut remarquer en lui une véritable aliénation.

« J'eus plus de dépit encore que de compas-
» sion, dit-il, de le voir à Ferrare en si piteux
» état, survivant à soi-même, et méconnaissant
» et soi et ses ouvrages. »

Ce tableau a été acquis pour le Musée de Lyon par M. le Baron Rambaud, maire de la ville : *haut.* 4 *pieds*, *larg.* 3 *pieds.*

42. — Léandre BASSAN.

Charles VIII, victorieux, recevant la couronne de Naples sur le champ de bataille; *h.* 7 *pieds* 2 *pouces*, *larg.* 11 *pieds* 2 *pouces.*

43. —Pierre REVOIL de Lyon, professeur à l'Ecole Royale des Beaux-Arts de cette ville, membre de l'Académie, peintre de S. A. R. Madame la Dauphine, et chevalier de la Légion-d'honneur. *Ecole lyonnaise.*

Un Tournoi.

Le sire Renaud et le Seigneur de Léon, à la tête de la noblesse bretonne, sont venus frapper un tournoi à Rennes; les joutes à la lance courtoise ont succédé à ce combat à la foule. Un jeune fils de preux entre en lice, et y triomphe de 14 chevaliers; tous désirent apprendre son nom. Renaud veut tenter de le vaincre; mais il baisse humblement sa lance devant lui. Alors un chevalier de Normandie, habile à faire sauter les *heaumes*, est envoyé contre cet inconnu. Vains efforts! le Normand succombe. Un héraut, assisté de deux poursuivans d'armes, accourt pour relever le vaincu, au moment où il est assez heureux pour frapper son adversaire au front, et lui soulever sa visière. Le héraut d'armes, qui reconnaît le fils de Renaud, son maître, élève la main et proclame le nom de Bertrand du Guesclin. Renaud, que la curiosité vient d'attirer sur les échafauds, témoigne la surprise et la joie. Le héraut de Léon sonne la victoire de Bertrand, tandis que les deux poursuivans rassemblent les tronçons des lances, et en délivrent de neuves. Dans le fond, au centre, la loge des quatre juges, Rohan, Saint-Pern, Châtel-Brian et Beaumanoir. L'un d'eux montre le prix de la joute, qui est un cygne en argent. A droite et à gauche, les loges des dames, ornées des écus offerts par les vainqueurs. La duchesse de Bretagne occupe le milieu de celle de gauche. La troupe des combattans paraît au bas d'une cathédrale. Au premier plan, est la principale entrée du champ clos, gardée par un soldat. Deux mâts portent les écus des chevaliers *tenans*, ainsi que les bannières du Tournoi, sur lesquelles on lit, en vieux langage : *à biaux faicts*, *biaux loz :* à belles actions, belles louanges (1).

Ce tableau précieux, exposé au salon de 1814, sous le n.° 762, a été donné par M. Revoil, au

(1) Voy. Hist. de Bertrand du Guesclin. Liv. I, ch. VI, *p.* 9.

Musée de Lyon. Il sera toujours regardé comme un monument curieux, pour les costumes et les jeux guerriers des chevaliers français du 14.me siècle; *haut.* 4 *pieds*, *larg.* 5 *pieds* 1 *pouce.*

44. — Bonaventure PETERS, né à Anvers en 1614, mort dans la même ville en 1652.

Une Marine, Tempête.

Un navire vient d'échouer contre des écueils, près d'un vieux phare : des marins jettent des cordes à des malheureux naufragés; *haut.* 2 *pieds* 6 *pouces*, *larg.* 3 *pieds* 4 *pouces.*

45.—Van WUTY. *Ecole flamande.*

Un Chasseur costumé à la mode du temps de Louis XIV, est assis sur le devant d'un riche paysage. Ce tableau a été accordé par S. E. le Ministre de l'Intérieur; *haut.* 3 *pieds* 3 *pouces*, *larg. de même.*

46. — La vue de Saint-Jean, prise sur le quai de Saône; *h.* 1 *pied* 9 *p.*, *l.* 3 *pieds* 1 *p.*

47. — Les Aqueducs ajustés sur le devant d'une vue de Saint-Just, par M. GROBON; *haut.* 2 *pieds* 1 *pouce*, *larg.* 3 *pieds* 1 *pouce.*

Ces deux tableaux placent M. Grobon au premier rang parmi les peintres de l'Ecole lyonnaise, à laquelle il a su inspirer le goût et le fini précieux des grands maîtres flamands et hollandais. L'achat que l'Administration municipale a fait de ses ouvrages en différens temps, prouve l'estime singulière qu'elle a toujours eue pour la personne et les talens de cet habile professeur.

Ces deux derniers ouvrages ont été acquis en 1818 par les soins de MM. de Nolhac et Gaspard Vincent, adjoints de feu M. le Maire de Lyon, Comte de Fargues.

Voici comment s'expriment à ce sujet la Revue philosophique, littéraire, et la Gazette de France de 1806.

« Les différentes vues de cet Artiste sont » charmantes par le naturel, la perspective, et

» surtout par la couleur et les effets du jour. Il » est difficile de peindre plus vrai : on croit voir » en effet des maisons, des rivières, des monta- » gnes, l'air qui glisse sur tous ces objets, et le » Soleil qui les éclaire.

» La vue de Lyon, prise du quai Saint-Antoi- » ne, et celle des débris d'un aqueduc au-dessus » de Lyon, étonnent surtout par le naturel des » détails et la magie de la couleur. Il est vrai » qu'on ne saurait choisir de plus jolis sites que » ces rives de la Saône, si fraîches et si riantes : » paysage enchanté qu'on ne peut quitter sans » regret, ni se rappeler sans charme......

» Voilà bien la couleur chaude et vigoureuse » des fabriques de nos provinces méridionales ; » voilà bien ces eaux limpides de la Saône et du » Rhône, ces coteaux brillans de Soleil, ces om- » bres fortement projetées, et cependant trans- » parentes et reflétées. On peut mettre au rang » des meilleurs tableaux du Salon, cette vue de » la Cathédrale et des quais de Lyon ; cependant » l'art du peintre n'a rien changé, rien ajouté, » mais tout est rendu avec une vérité extraordi- » naire. La touche est fine et recherchée, sans » cependant sentir la peine et le travail. Au » reste, il est difficile d'approcher plus près de » l'effet de la lumière et de l'éclat du Soleil ; et » ce mérite fort rare parmi les paysagistes, est » peut-être le plus important. »

48.—Louis GALOCHE, né en 1670, mort en 1761.

L'Apothéose du Cardinal Fleury.

La Justice présente le portrait de ce Ministre à la Lorraine, qui vient d'être réunie à la France. L'Histoire écrit cet événement digne de mémoire, et foule aux pieds le démon de l'envie ; *haut. 4 pieds 5 pouces, larg. 3 pieds 6 pouces.*

49.—Le Christ portant sa Croix.

Tableau gothique, du commencement du 16.me siècle. *Ecole flamande.*

Maître inconnu, dans le genre de CRANAC; *haut.* 3 *pieds* 3 *pouces*, *larg.* 3 *pieds.*

50.—M. FRUCTUS, de Lyon.

La blanche Marguerite, d'après une romance de M. Revoil; *haut.* 1 *pied* 1 *pouce*, *larg.* 1 *pied* 3 *pouces :* donné au Musée par l'Auteur.

51.—M. MAGNIN, natif de Lyon, élève de M. Revoil et de M. Guérin.

Joas sauvé des massacres d'Athalie.

Ce tableau sagement conçu et très-bien exécuté a mérité au dernier salon une récompense à son Auteur. Son style simple et noble répond dignement à ceux qui se plaignent de ce que les élèves de l'Ecole lyonnaise ne s'élèvent point à la hauteur du genre historique.

M. le Maire voulant encourager le talent distingué de ce jeune et estimable artiste, s'est empressé de faire acheter par la ville cet ouvrage intéressant; *haut.* 3 *pieds*, *larg.* 2 *p. et* 6 *pouces.*

52.—Jacques JORDAENS.

La Visitation.

Elisabeth paraît à la porte de sa maison, et accourt au-devant de Marie, qui lui tend les bras. Saint Joseph, qui vient d'attacher sa monture, semble répondre au bon accueil que lui fait Saint Zacharie.

Le n.° 17 du même peintre est dans sa manière vigoureuse. Les tableaux qu'il faisait dans des fonds clairs et argentins étaient plus estimés; *haut.* 8 *pieds* 8 *pouces*, *larg.* 5 *pieds* 7 *pouces.*

53.—La Ville de Lyon.

Tableau allégorique; donné par S. Eminence Monseigneur le Cardinal FESCH.

Attribué à COYPEL. *Ecole française; haut.* 6 *pieds* 4 *pouces*, *larg.* 10 *pieds* 4 *pouces.*

54.—LAHYRE, né à Paris en 1606, mort en 1656, élève d'Etienne Lahyre et de Simon Vouet. *Ecole française.*

La Trinité.

L'Eternel, porté sur des nuages, soutient entre ses bras le corps de son fils immolé pour la rédemption des hommes. Le Saint-Esprit plane au-dessus de leurs têtes, et des anges groupés autour de la Sainte Trinité, paraissent méditer et gémir sur les souffrances de Jésus. On aperçoit, dans le fond du tableau, la montagne du Calvaire désignée par les trois croix plantées sur le sommet; *haut.* 9 *pieds*, *larg.* 5 *pieds* 6 *pouces.*

55. — Le Christ sur la Croix. *Ecole de Vouet.*

La Mère de pitié et les saintes femmes éplorées, sont à ses pieds.

Donné par Monseigneur le Cardinal Fesch; *haut.* 6 *pieds* 6 *pouces*, *larg.* 4 *pieds* 6 *pouces.*

56. — Nicolas MIGNARD, d'Avignon, né à Troie en 1668, mort à Paris en 1728. *Ecole française.*

L'auteur s'est représenté lui-même peignant une Vierge de la main gauche, afin de consacrer sans doute cette habitude, et de la faire connaître à la postérité; *h.* 4 *pieds* 9 *p.*, *l.* 3 *pieds* 9 *p.*

57. — Pietro Bereteni, dit le CORTONE, né à Cortone en 1596, mort en 1669. *Ecole flor.*

César répudie Pompeïa, et épouse Calpurnie. Ce tableau a été gravé par Robert Strange, on le voyait autrefois à Toulouse; *haut.* 7 *pieds* 9 *pouces*, *larg.* 8 *pieds* 2 *pouces.*

58. — Saint Benoît et Sainte Claire, soutenus par des Anges, offrent leur cœur à la Sainte Vierge. Des chérubins répandent des fleurs sur ces bienheureux.

Ce tableau, attribué à STELLA, appartiendrait plutôt à la manière de Lebrun; *h.* 4 *pieds* 5 *pouces*, *larg.* 2 *pieds* 11 *pouces.*

59. — Louis CARRACHE, né en 1555, mort en 1619.

Le Baptême de Jésus.

Jésus servi par les anges et baptisé par saint Jean dans les eaux du Jourdain.

Ce tableau se voyait au Musée de Paris, sous le n.° 877. *Ecole de Bologne.*; *haut.* 4 *pieds* 3 *pouces*, *larg.* 6 *pieds* 5 *pouces.*

60.—Luca GIORDANO, né en 1632, mort en 1705. *Ecole napolitaine.*

Saint Luc peignant la Vierge.

Luca paraît s'être représenté sous la figure de son Patron : tandis qu'il dessine les traits de la Vierge Marie, des anges s'empressent à soutenir son tableau et à préparer ses couleurs; *haut.* 7 *pieds* 1 *pouce*, *larg.* 5 *pieds* 8 *pouces.*

61. —DROLLING.

Le bon Samaritain.

Ce tableau, un des plus marquans, des plus admirés au salon de 1822, a été commandé pour le Musée de Lyon, par S. E. le Ministre de l'intérieur. On voit que l'artiste a répondu dignement à l'espoir que son Excellence avait déjà conçu de son beau talent. Voyez ce que nous avons dit à ce sujet au n.° 12 de cette notice; *haut.* 4 *pieds* 4 *pouces*, *larg.* 7 *pieds* 6 *pouces.*

62.—Sisto ROSA, ou BADOLOCCHIO, florissait en 1609, il a suivi l'*Ecole de Bologne.*

La Vierge et l'enfant Jésus, sur un trône élevé, reçoivent les hommages de Saint Georges et de Saint Benoît. On voyait cette peinture au Musée de Paris, sous le n.° 794; *haut.* 7 *pieds* 4 *pouces*, *larg.* 4 *pieds* 10 *pouces.*

63. — Giuseppe Cesari, dit le JOSEPIN, mort en 1640. *Ecole napolitaine.*

Présentation de la Vierge.

Sainte Anne présente Marie au grand-prêtre, qui vient la recevoir, avec respect, sur le parvis du temple; *h.* 5 *pieds* 10 *pouces*; *l.* 4 *pieds* 3 *pou.*

64.—Carlo Francesco Nuvolone, dit PANFILO, né en 1608, mort en 1661. *Ecole milanaise.*

L'Immaculée Conception.

La Sainte Vierge, couronnée par deux anges,

les yeux baissés, les mains jointes, est portée dans les cieux par un groupe de séraphins; *h.* 6 *pieds* 9 *pouces*, *larg.* 4 *pieds* 5 *pouces.*

65. —Joseph Ribera, dit l'ESPAGNOLET, né à Xativa en 1589, mort à Naples en 1656. *Ecole espagnole.*

On lit dans la légende, que le corps de saint François d'Assise ayant été transporté dans l'Eglise que Grégoire IX lui avait consacrée, on l'a vu long-temps placé dans une grotte, sous le grand-autel, où il s'était conservé debout, les yeux ouverts et tournés vers le ciel. Le peintre a choisi cette situation, et l'a rendu d'une manière effrayante; *haut.* 6 *pieds* 1 *pouce*, *larg.* 3 *pieds* 4 *pouces.*

66.—Paolo Cagliari, dit Paul VÉRONÈSE, né à Véronne en 1532, mort en 1588.

Betsabée surprise dans le bain par le roi David; *haut.* 7 *pieds*, *larg.* 7 *pieds* 4 *pouces.*

67.—PALME le jeune, né à Venise en 1544, mort en 1628. *Ecole vénitienne.*

Le Christ à la colonne.

Jésus environné de ses bourreaux armés de verges, souffre, avec résignation, les coups terribles qu'ils lui portent. Des soldats cuirassés, la lance au poing, considèrent attentivement cette scène d'horreur, qui se passe devant la porte du Prétoire.

Ce beau tableau fut perdu pendant la révolution; il a été retrouvé par feu M. Mayeuvre de Champvieux, qui s'empressa d'en faire l'acquisition pour le compte de la ville; *haut.* 5 *pieds* 2 *pouces*, *larg.* 3 *pieds* 5 *pouces.*

68.—Pietro Vanuci, dit le PÉRUGIN, né à Pérouse en 1446, mort en 1524.

Ce tableau n'est qu'un des volets d'un ouvrage plus considérable; il représente saint Jacques et saint Grégoire, qui étaient les patrons du donateur; *haut.* 5 *pieds* 2 *pouces*, *l.* 2 *pieds* 9 *pouces.*

69.—Philippe de CHAMPAGNE.

L'Adoration des Bergers.

Le Sauveur vient de naître sous le chaume : la Sainte Vierge et des bergers, pénétrés d'admiration et de respect, se prosternent devant lui. L'un de ces adorateurs rustiques lui apporte un agneau; des anges radieux proclament sa gloire dans le ciel. Le fond du tableau représente la ville de Bethléem, au-dessus de laquelle brille l'étoile miraculeuse : *haut.* 12 *pieds* 2 *pouces*, *larg.* 7 *pieds* 6 *pouces*.

70.—Jean BREUGHEL DE VELOURS, né à Bruxelles vers 1589, mort vers 1642, élève de Pierre Goekindt. *École flamande.*

L'air, représenté par Uranie entourée d'instrumens d'optique et d'astronomie, et d'oiseaux de toute espèce. Les figures sont de Van Baelen: *haut.* 1 *pied* 4 *pouces*, *larg.* 2 *pieds* 6 *pouces*.

71.—La terre, figurée par le paradis terrestre, dans lequel se trouvent rassemblés les fleurs, les fruits, les animaux, et jusqu'aux insectes de tous les climats; *haut.* 1 *pied* 4 *pouces*, *larg.* 2 *pieds* 6 *pouces*.

72. Giacomo ROBUSTI, dit le TINTORET, né à Venise en 1512, mort en 1594. *École vénitienne.*

Ex Voto.

La Vierge et l'enfant Jésus, sainte Catherine, saint Augustin, saint Joseph et saint Jean; *h.* 6 *pieds*, *larg.* 9 *pieds* 8 *pouces*.

73.—Antoine-François Vander MEULEN, né à Bruxelles en 1654, mort à Paris en 1690, élève de Pierre Snayers.

Vue de la ville de Lille, du côté de Fives, et l'armée de Louis XIV, devant la place, en 1667; *haut.* 6 *pieds* 9 *pouces*, *larg.* 9 *pieds* 4 *pouces*.

74.—La Sainte Famille en repos dans un très-beau paysage, d'après le POUSSIN; *haut.* 2 *pieds* 6 *pouces*, *larg.* 4 *pieds* 6 *pouces*.

75.—Pietro PERUGINO, maître de Raphael.

L'Ascension de Jésus en présence de la Vierge

et des Apôtres; celui qui est placé derrière Saint Jean, et qui regarde le spectateur, est selon quelques personnes le Pérugin lui-même.

Ce tableau précieux était au Musée de Paris, sous le n.° 1097.

A la prière de M. le comte Roger de Damas, le Pape Pie VII a accordé ce tableau à la ville de Lyon.

La lettre que S. S. a fait adresser à M. le Gouverneur, est remplie d'expressions extrêmement honorables pour les habitans de cette ville.

La viva memoria (y est-il dit) *che il Santo Padre conserva delle testimonianze di divozione e di attacamento date alla sua sacra Persona dal Popolo Lionese tutte le volte che è transistato per codesta città, e della religione che la distingue; non le ha permesso di negare ad un popolo si ben merito, la grazia che egli ha domandato.*—Le vif souvenir que le Saint Père conserve des témoignages de dévotion et d'attachement que le peuple de Lyon a donné à sa Personne sacrée toutes les fois qu'il est passé par cette ville, et de la religion qui la distingue, ne lui a pas permis de refuser à un peuple si méritant, la grâce qu'il lui a demandée.—Le St. Père termine sa lettre en disant: qu'il donne ce tableau. — *In attestato del suo affetto della grata sua rimembranza per la citta di Lione*; c'est-à-dire, en témoignage de son affection et de son gracieux souvenir pour la ville de Lyon; *haut.* 10 *pieds*, *larg.* 8 *pieds* 2 *p.*

76.—Gaspard de CRAYER, né en 1582, mort en 1669. *Ecole flamande.*

Saint Jérôme dans le désert, se frappant la poitrine avec une pierre; *haut.* 6 *pieds*, *larg.* 8 *pieds* 10 *pouces.*

77.—Vander MEULEN.

Vue de la ville et du port de Calais, du côté de la terre; *haut.* 6 *pieds* 10 *pouces*, *larg.* 9 *pieds* 10 *pouces.*

78.—Gio-Francesco Barbieri, dit le GUER-

CHIN, né à Certo en 1590, mort en 1666. *Ecole de Bologne.*

La Circoncision de Jésus-Christ.

La cérémonie de la Circoncision a lieu en présence de la Sainte Vierge et de Saint Joseph : la douleur fait jeter des cris à l'enfant Jésus ; il se tourne vers sa mère en lui tendant les bras ; *haut.* 12 *pieds* 9 *pouces, larg.* 8 *pieds* 2 *pouces.*

Ce beau tableau a été fait pour Censo, patrie de l'Auteur ; on le regarde comme un de ses meilleurs.

79.—L'eau exprimée par un fleuve et une naïade portant à l'Océan le tribut de leurs eaux. Leurs rives sont couvertes de poissons et de coquillages de tout genre. Les figures sont de Van Baelen ; *h.* 1 *pied* 4 *pouces, l.* 2 *pieds* 6 *pouces.*

80.—Le feu représenté par des forges, des fonderies et autres usines animées par cet élément, ainsi que par les nombreux produits de ce genre d'atelier ; *haut.* 1 *pied* 4 *pouces, larg.* 2 *pieds* 6 *pouces.*

Ces deux tableaux complètent les quatre Elémens de BREUGHEL de Velours.

81.—Joseph PARROCEL, né à Brignoles en Provence en 1648, mort à Paris en 1704, élève de Bourguignon.

Une halte de quelques cavaliers, après une bataille : l'un d'eux, le drapeau à la main, se désaltère au bord d'un ruisseau ; *haut.* 5 *pieds* 7 *pouces, larg.* 4 *pieds* 5 *pouces.*

82.—Erasme-QUELLINUS, né à Anvers en 1607, mort dans la même ville en 1678. *Ecole flamande.*

Saint Jérôme assis et les mains jointes, paraît méditer sur le néant de la vie humaine ; le lion, son compagnon fidèle, est couché paisiblement à ses pieds. Une tête de mort, un crucifix et quelques livres de prières, sont les seules richesses de ce pieux anachorète.

Quoique ce tableau ait été attribué à Quellinus, son dessin gothique ferait présumer qu'il est l'ouvrage d'un maître plus ancien ; *haut.* 5 *pieds* 2 *pouces*, *larg.* 3 *pieds* 9 *pouces*.

83.—Paul RUBENS.

L'Adoration des Mages.

Les Mages ont découvert le lieu de la naissance du Messie: le plus âgé d'entr'eux se prosterne pour l'adorer, et baise ses pieds avec respect. La suite nombreuse de ces princes se montre empressée de jouir de la vue du divin enfant.

Rubens s'est plu à répéter ce tableau avec quelques changemens ; *haut.* 7 *pieds* 7 *pouces*, *larg.* 10 *pieds*.

84.—Guido Reni, dit le GUIDE, né à Calvenzano, près Bologne, en 1575, mort en 1642. *Ecole lambarde.*

L'Assomption.

Marie, radieuse et triomphante de la mort, est ravie au ciel par les anges ; une foule de séraphins environnent son auréole, et la contemplent dans sa gloire ; *haut.* 7 *pieds* 5 *pouces*, *larg.* 4 *pieds* 10 *pouces*.

85.—Paul VÉRONÈSE.

Moyse sauvé des eaux.

La fille de Pharaon richement vêtue à la manière des Vénitiennes, jette un regard protecteur sur Moyse que des archers viennent de découvrir sur les eaux du Nil. Des femmes, des esclaves et un nain, sont présens à cette scène.

On croit que Paul Véronèse a voulu représenter toute sa famille sous les traits des personnages de ce tableau ; *haut.* 3 *pieds* 11 *pouces*, *larg.* 3 *pieds* 6 *pouces*.

86.— Giovani LANFRANCO, dit LANFRANC, né à Parme en 1580, mort à Rome en 1647. *Ecole bolonaise.*

Saint Conrad.

Un ange lui apparaît pendant qu'il est en prière; *haut. 7 pieds* 6 *pouces*, *larg.* 4 *pieds* 6 *pouces*.

87.—Cagliari VÉRONÈSE, dit CARLO, né en 1570, mort en 1595, élève de Paul Véronèse, son père. *Ecole vénitienne.*

L'Adoration des Rois.

Marie présente Jésus à l'adoration des Mages; Saint Joseph soulève une partie du linge qui le dérobe à leurs regards. Les trois rois et les pages qui portent leurs présens, sont vêtus à la manière vénitienne. Ces derniers sont couverts de just-au-corps armoriés devant et derrière; *hauteur* 4 *pieds*, *larg.* 8 *pieds* 11 *pouces*.

88. —Jacques JORDAENS.

La Sainte Vierge assise dans l'étable, présente le divin enfant à l'adoration des Pasteurs. Parmi les présens rustiques que ces bonnes gens apportent à Jésus, on distingue une coupe de lait, un agneau, des colombes, emblêmes de sa douceur et de sa bonté.

Ce tableau était au Musée de Paris, sous le N.° 380; *h.* 7 *pieds* 6 *pouces*, *l.* 6 *pieds* 4 *pouces*.

89. —Augustin CARRACHE, né en 1557, mort en 1602.

Portrait d'un chanoine de Bologne, acquis par les soins de feu M. le comte de Sathonnay; *haut.* 3 *pieds* 11 *pouces*, *larg.* 2 *pieds* 11 *pouces*.

90. — Aubin VOUET, né à Paris. *Ecole française.*

Sainte Paule faisant l'Aumône.

Sainte Paule, issue d'une des plus illustres familles de Rome, distribue de l'argent à des pauvres placés à la porte d'un temple. Elle donne des leçons de charité à sa fille Sainte Eustochie, et des anges semblent montrer à l'une et à l'autre la récompense qui les attend; *haut.* 7 *pieds* 4 *pouces*, *larg.* 4 *pieds* 7 *pouces*.

91. —Albert DURER, né à Nuremberg en 1470, mort en 1528. *Ecole allemande.*

L'Empereur Maximilien I. et Catherine sa femme, sont à genoux devant la Sainte Vierge et l'enfant Jésus, qui posent sur leurs têtes des couronnes de fleurs, apportées par des anges. Parmi les spectateurs de cette scène gracieuse, on remarque Albert Durer lui-même, tenant un rouleau de papier où il a inscrit son nom. Le portrait de ce maître, gravé par Kilanus, paraît être copié d'après ce tableau; *haut.* 4 *pieds* 10 *pouces*, *larg.* 4 *pieds* 2 *pouces.*

92. — Un vieillard en méditation, attribué à VANMOL, acheté par le conservatoire des Arts; *haut.* 2 *pieds* 4 *pouces*, *larg.* 2 *pieds.*

93. — Jacques VANOOST, né à Bruges vers 1600, mort dans la même ville en 1671.

Un jeune homme, vêtu de rouge et coiffé d'un bonnet de poil, reçoit un billet qui lui est apporté par une vieille femme.

Acquis par les soins de M. le comte de Sathonnay; *h.* 3 *pieds* 4 *pouces*, *l.* 2 *pieds* 5 *pouces.*

94. —Portrait d'un jeune homme flamand, vêtu de noir, avec une fraise blanche; attribué à VANHAEST; *haut.* 2 *pieds* 2 *pouces, largeur* 1 *pied* 8 *pouces.*

95. —Jeune femme, vêtue de noir, avec une fraise blanche.

Ce portrait fait pendant avec celui du n.° 78. Il est du même artiste; *haut.* 2 *pieds* 2 *p.*, *l.* 1 *pied* 8 *pouces.*

96. —FABRE, de Montpellier, élève de David. Le crucifiement de Saint Pierre, d'après le Guide.

Trois bourreaux préparent le supplice du saint apôtre, qui va bientôt être cloué sur une croix renversée. L'un d'eux s'efforce de le hisser à l'aide d'une corde; un autre soulève la tête et les épaules de la victime; tandis que le troisième, prêt à enfoncer un clou dans ses pieds, est tout-à-coup ébloui par un rayon divin qui vient suspendre son action barbare, et éclairer vivement la tête et le corps du glorieux martyr; *haut.* 9 *pieds* 9 *pouces*, *larg.* 5 *pieds* 8 *pouces.*

97.—GARNIER.

Le Christ mort sur les genoux de la Vierge, d'après Annibal Carrache.

Le corps du Christ, privé de la vie, repose sur les genoux de sa mère; près d'elle, Magdeleine, debout et appuyée sur le sépulcre, essuie avec ses cheveux les pleurs dont ses joues sont inondées. A gauche, Saint François, les bras croisés sur sa poitrine, médite profondément sur les plaies de Jésus, que deux anges lui indiquent en les arrosant de leurs larmes; *haut.* 8 *pieds* 8 *pouces*, *larg.* 5 *pieds* 8 *pouces.*

98.—PERRIN, élève de David. *Ecole française.* Le Christ mis au tombeau, d'après le Caravage.

Le corps du Christ est prêt à être déposé dans le sépulcre par Saint Jean, assisté de Nicodème, en présence des trois Maries éplorées.

Ces belles copies avaient été faites à Rome pour le Roi. Ce sont les seules que le directeur du Musée a cru pouvoir se permettre de placer dans la Galerie; *haut.* 9 *pieds* 4 *pouces*, *larg.* 6 *pieds* 2 *pouces.*

SALLE DES ANTIQUES.

1.—THÉODORE Van THULDEN, né à Bois-le-Duc en 1607. *Ecole flamande.*

Le Christ sur la Croix.

Jésus crucifié tourne ses regards vers son père: la Magdeleine, pénétrée d'amour, embrasse le pied de la Croix, et considère, en pleurant, la situation cruelle du Rédempteur des hommes.

Avant la révolution, ce tableau avait une réputation trop grande. On y admirait surtout l'expression de la Magdeleine. Il était attribué à Rubens, et placé dans l'Eglise des Pénitens dits Confalons.

Il est cité avec éloge dans un ouvrage intitulé: Voyage d'un ami des Arts; *hauteur 9 pieds 7 pouces, larg. 6 pieds 3 pouces.*

2.—Jean JOUVENET.

Le Repas chez Simon le Pharisien.

Parmi les spectateurs qui sont à droite dans la salle du festin, on remarque le peintre Jouvenet qui s'y est peint avec sa famille; ce tableau se voyait autrefois au Musée de Paris sous le n.° 53; *haut. 12 pieds, larg. 20 pieds 5 pouces.*

3.—Salomon CONING, né en 1609. *Ecole hollandaise.*

Le sacrifice de Manué.

L'ange prédit à Manué et à sa femme qu'ils auront un fils (Samson) extrêmement fort, et animé de l'esprit de Dieu.

Donné par son Em. Mgr. le cardinal FESCH; *haut. 7 pieds 10 pouces, larg. 7 pieds.*

4.—Charles LEBRUN, né en 1619, mort en 1690.

Louis XIV, ayant à ses pieds des nations vaincues, est présenté par Saint Louis à Jésus ressuscité. Le fameux Colbert est présent à cette scène mystique; *h. 14 p. 9 pouc., l. 8 p. 1 pouce.*

5.—PERRIN, élève de David. *Ecole française.*

Cyanippe, prince de Syracuse, ayant méprisé les fêtes de Bacchus, fut frappé d'une telle ivresse, qu'il fit violence à Cyané sa fille. L'île de Syracuse fut désolée aussitôt par une peste horrible. L'oracle répond que la contagion ne finira que par le sacrifice de l'incestueux. Cyané traîne elle-même son père à l'autel, et se tue après l'avoir égorgé; *h.* 12 *pieds* 5 *pouces*, *l.* 8 *pieds* 11 *pouces.*

6.—Thomas GONTET. *Ecole de Le Sueur.*

Le martyre de Saint Gervais et de St. Protais ; *haut.* 11 *pieds* 1 *pouce*, *larg.* 20 *pieds* 11 *pouces.*

On prétend que ce tableau a été commencé par Le Sueur, et qu'il a été fini par son élève Gontet.

7. — Nicolas LOIR, né à Paris en 1624, mort en 1679.

Diane et Endymion.

La mélancolique Phœbé, accompagnée du silence, surprend, à travers les voiles de la nuit, le berger Endymion endormi dans les bras du Temps; *h.* 9 *pieds* 7 *pouces*, *larg.* 7 *pieds* 1 *pouce.*

8.—Saint-Jean écrivant son évangile, attribué au DOMINIQUIN; *h.* 7 *p.* 4 *p.*, *larg.* 4 *p.* 7 *pouc.*

9.—La chasse de Diane, d'après le DOMINIQUIN; *haut.* 7 *pieds* 1 *pouce*, *larg.* 9 *pieds* 8 *pouces.*

10. — Un prophète et deux anges, d'après RAPHAEL.

L'original à fresque se voit dans l'église de Saint Augustin, à Rome. Cette copie avait été faite pour le Roi; *haut.* 6 *p.* 8 *p.*, *l.* 4 *p.* 6 *pouc.*

XI et XII. Deux Bustes en marbre blanc, par M.lle Julie Charpentier, l'un représentant M. Vien, restaurateur de la peinture dans le 18e siècle ; l'autre Gérard Audran, célèbre graveur lyonnais.

Son Exc. le Ministre de l'Intérieur, qui ne cesse d'enrichir le Musée de Lyon, a accordé ces deux portraits, ainsi qu'une statue d'Euripide en plâtre, exécutée par M. Cortot. Cette dernière est placée sous les portiques du Palais.

XIII. — *Pandore.*

Cette figure en marbre, une des plus jolies qui soit sortie du ciseau de M. Cortot, a été exécutée à Rome. Le Musée la doit encore à la protection bienveillante de S. E. le Ministre de l'Intérieur.

XIV. — Cette estampe rappelle un des plus beaux tableaux du Titien, qui avait été perdu ou ignoré pendant près de 200 ans. M. Georges Hayter, peintre anglais, qui a eu l'avantage de le découvrir à Venise, s'est plu à le faire connaître par la gravure qu'il vient d'exécuter lui-même, et dont il a bien voulu donner un exemplaire au Musée de Lyon.

XV. — *Eurydice piquée par un serpent sur les bords du Pénée.*

Cette statue exécutée à Rome par M. Legendre-Héral, professeur de sculpture à l'Ecole des beaux-arts de Lyon, est la première en marbre qui soit sortie du ciseau de ce jeune artiste. On y trouve le sentiment, la grâce et la naïveté, qui sont les marques distinctives du talent de son auteur. En disant qu'elle a eu un succès éclatant au salon de 1822, c'est en faire un éloge complet; car jamais l'exposition de nos jeunes statuaires n'a été aussi remarquable.

XVI. — *Psyché abandonnée.*

Il n'est pas aisé de représenter l'ame ou l'esprit, et il faut en avoir beaucoup soi-même, être aidé pour ainsi dire du souffle divin, pour rendre les premiers sentimens que l'amour fugitif vient d'inspirer à un jeune cœur.

La simplicité, le charme et l'expression ingénue de cette figure, décèlent le talent inimitable de l'Auteur de Platon, de cette Dame aimable et distinguée, dont notre ville s'honore.

A notre prière, Madame de Sermezy, de l'Académie de Lyon, a bien voulu vaincre sa modestie et accorder ce bel ouvrage en terre cuite, au Musée; *hauteur*, *grandeur naturelle.*

XVII. — Le cabinet des antiques du Musée de Lyon ayant été enrichi d'une Momie parfaitement conservée, plusieurs personnes éclairées ont pensé qu'il serait intéressant de la dépouiller à demi de ses bandelettes, et cette opération confiée à M. Trollier, professeur d'anatomie à l'Ecole des Beaux-Arts, a parfaitement réussi. Cet habile médecin a reconnu que ce corps, que deux ou trois mille ans ont respecté, appartient au sexe féminin ; qu'il a dû être de race éthiopienne, et qu'il pouvait avoir une trentaine d'années lorsqu'il a cessé de vivre.

Le jugement favorable que la défunte a obtenu chez les puissances infernales, est peint sur le couvercle de la première caisse, qui est sous verre, et adossé contre la muraille. On voit d'abord, aux pieds de cette image, Anubis ou le Chien-loup gardien des morts. Ainsi nos anciens preux ont mis à leurs pieds et sur leur tombe l'emblême de la fidélité. Dans un rang au-dessus on voit Osiris terrestre étendu sur son lit de mort, et son ame qui, sous la figure d'un oiseau, s'envole. Au milieu de la capsule est le dieu Soleil ou plutôt l'Epervier couronné, emblême de l'astre qui ranime la nature. Plus haut, on remarque la conclusion du jugement ; à droite les balances destinées à peser les bonnes et les mauvaises actions, ce qui est indiqué, d'un côte par la plume céleste, et de l'autre par un vase ; au dessous est un monstre assis prêt à dévorer les coupables. On remarque ensuite le dieu Thot, le Mercure des Egyptiens à tête d'Ibis ; il tient un rouleau d'une main et la défunte de l'autre ; il la présente à Osiris, grand Juge d'enfer. Un Autel sur lequel on a déposé deux pains et une fleur de lotus sont là pour apaiser ce dieu redoutable : derrière lui sont les sept grands dieux infernaux, qui semblent absoudre cette ame et se réjouir de son admission dans le séjour des bienheureux. Enfin, dans le rang supérieur, on reconnaît le Ciel qui, les bras tendus, les ailes éployées, plane sur la maison éternelle.

Le réseau de porcelaine et le scarabée, emblême de la régénération, qui sont sur la poitrine de la Momie, ont été trouvés dans le même état. Les linges ou bandelettes sont d'une conservation parfaite. Deux morceaux assez curieux, ornés de franges et marqués en coton bleu de deux LL ou lambda grecs ΛΛ, nous font présumer que cette Momie est greco-égyptienne, et peut être du temps des Ptolemée. Ce qui fortifierait cette opinion, c'est la sculpture de la tête de la grande caisse qui recouvrait le tout, à laquelle nous trouvons des lignes droites et simples qui donnent une idée du mélange du style grec et du style égyptien.

Ce monument curieux a été acquis par les soins de M. Evesque, administrateur du Conservatoire. Dans l'endroit où il est placé on distinguera plusieurs Stèles que M. le chevalier Drovetti a eu la bonté de nous envoyer d'Égypte, pour enrichir le Musée.

XVIII. — On remarquera sur la table de la Salle des antiques, un Aviron en bronze doré, trouvé dans les fondations d'une maison nouvellement construite sur la place de Sathonnay, près l'entrée du Jardin des Plantes. Il est fâcheux que l'ouvrier qui l'a déterré, ait préféré le vendre à l'insçu de son maître, plutôt que de signaler le lieu où il a été découvert, ce qui lui aurait valu une forte récompense. Il paraît que ce bronze faisait partie d'une statue colossale. On le doit à M. Carrand jeune, amateur distingué, qui l'a sauvé au moment où on allait le fondre, et qui a bien voulu le céder au Musée.

XIX. — Les deux Bustes en marbre blanc, qui sont adossés aux piliers des arcades de la même Salle, ont été trouvés dans la cour de la maison Giraudon et Gaudiot, près du Jardin des Plantes. Ils reposaient sur une mosaïque qui a été transportée au Palais des Arts.

www.ingramcontent.com/pod-product-compliance
Lightning Source LLC
LaVergne TN
LVHW020309230826
846091LV00006B/2611